一本の毛糸でらくらく編める

ベルンド・ケストラーの
ネックウェア

No.3

編み方→P.19

家族みんなで使えるフリーサイズ

No.4　　　　　　　　　　　　　　　　　　　No.5

No.11 **No.2**

編み方→ No.4、No.5、No.2はP.19、No.11はP.38

Contents

ミステイクリブのメデューサ

両面イギリスゴム編みのメデューサ

フェイクケーブルのメデューサ

レースリブのメデューサ

シンプルな模様を一本の毛糸で編み続ける　7

フリンジがポイントの基本のメデューサ　10

ネックウェアを編む時に使う用具について　12

ミステイクリブのメデューサ　14

目と目の間から糸を引き出す作り目　16

フリンジの作り目　17

フリンジの止め　18

フェイクケーブルのメデューサ　20

アスタースティッチのメデューサ　24

アスタースティッチ模様の編み方　28

両面イギリスゴム編みのメデューサ　30

両面イギリスゴム編みのスヌード　32

串だんごマフラー　36

レースリブのメデューサ　40

オールドシェイルのメデューサ　44

オールドシェイルのスヌード　45～49

リーフ模様のケープ　52～55

サマーケープ　56

さくらのスカーフ　60

ミステイクリブのフリンジスカーフ　64

ミステイクリブのチェーンスヌード　66

ペルリーヌ　70

アコーディオン模様のループスヌード　71

ガーター編みの三角フリンジショール　74

ジャーマン・レースショール　76

アスターステッチのメデューサ

オールドシェイルのスヌード

今が編み物の黄金期！　81

シュッテルクーヘンを焼いて、至福のひとときを　83

クランベリーとホワイトラムのケーキ　84
レモンマフィン　84
コーヒーとチョコレート風味のクグロフ　85
パイナップルケーキ　85

ショッペル社長から 毛糸に情熱を込めて　86

毛糸の購入先　86

この本で使った糸（実物大）　87

編み目記号の編み方　88

チェーンスヌード

串だんごマフラー

リーフ模様のケープ

Continuous Knitting

シンプルな模様を一本の毛糸で編み続ける

　カラフルで良質の毛糸に出会えたら、首や肩周りの小物を編んでみてください。スヌードやマフラー、ショールといったネックウェアは、顔に近いところにつけるので、毛糸の良さがよくわかります。色彩豊かで個性的なデザインのものを編めば、身につけているだけで元気が湧いてくることでしょう。

　本書では、比較的初心者の方でも編めるよう、単純なパターン（模様編み）で構成した、インパクトのあるネックウェアを紹介しています。複雑な技法を使わなくても、ちょっとした工夫で素晴らしい作品ができるものです。

　段染めの毛糸を使うとより効果的なパターンを使っています。うまく設計された段染めの毛糸の力を借りて、色の流れが途切れないよう、最初から最後まで糸を切らずに編み続けて完成できるようにしました。

　今回は、私の祖国、ドイツのショッペルの毛糸を使っています。日本ではまだあまり知られていませんが、段染めの毛糸が特にユニークで、種類も豊富です。段染めの毛糸は、一点、一点、色の出方が微妙に異なるので、同じ形を編んでも全く同じ仕上がりにはなりません。それぞれがこの世にたったひとつの作品で、これこそ編み物の醍醐味でもあります。

　私の一番のお気に入りのネックウェアは「メデューサ」です。くるくるとカールするフリンジが両端についていて、とてもドラマチックで目を引きます。その他にも、約100年前のドイツのレース編みの資料からヒントを得た「オールドシェイル模様」で、現代らしいケープやショールなども作ってみました。

　本書で紹介しているパターンは、どれも私のお気に入りで、誰でも簡単に覚えられます。一度リズムを覚えてしまえば、あとはその繰り返しなので、編み図を何度も見返す必要がなく、いつでもどこでも編み物を楽しむことができます。

　どのパターンもひとつの模様の目数や段数が多くないので、自分に合ったサイズに簡単に変更することができます。私はどんなサイズの人にも簡単に調節できるパターンを考えるようにしています。例えば、「メデューサ」を自分に一枚編んだら、次は家族に、その次は友達のために編みました。フリンジの数を増減するだけで、サイズがかえられるのですから。

　是非お気に入りのパターンで編んでみてください。

ショッペルの毛糸「ザウバーボール」が
ぴったり入る陶器のニッティング・ボール

Mistake Rib Medusa

No.2

上：ザウバーボール1玉で編めるミステイクリブのメデューサ。子供にも大人にもフィットします。
右：ザウバーボール1玉と1/3玉で編む、ややゆったりめのサイズ。
編み方→ No.1 P.14, No.2 P.19

No.1

フリンジがポイントの基本のメデューサ

「メデューサ」は、くるくるとしたフリンジが特徴です。

このフリンジを思いついたのは、ピコットの作り目をしている時でした。ピコットを長くしてみたら、どんなふうになるだろうという好奇心から試してみたところ、くるくるとねじれたとても面白いフリンジができたのです。

その時は、何に使えばよいのかわかりませんでしたが、しばらくして、フリンジの「作り目＆止め」にしたらどうかと思いつきました。ショールやスカーフの両端につけることもできます。試作品を見た友人から「まるでメデューサみたいだ」と言われ、このくるくるとしたフリンジのついた作品を、ギリシャ神話の怪物の名前をいただいて「メデューサ」と名づけました。

フリンジは基本的には作り目をして、次の段で目を伏せることで編めます。伏せる目数よりも作り目の数を多くすれば、作品に必要な「作り目」が残ることになり、フリンジのために作った目数よりも多くの目を伏せると、目が減ることになり、縁が「止め」られます。

フリンジの「作り目＆止め」はとても伸縮性があり、糸を切らないで編み続けることができます。

本体を真っ直ぐな筒状に編んでも、作り目の部分が肩や胸周りに沿って広がり、腕も自由に動かすことができます。着脱時にヘアスタイルを崩したり、化粧をつけたりすることもありません。その上、首周りはゆったりとして、締めつけもありません。室内で薄手のセーターの上から、外出時にコートの上から着ても素敵です。いろいろな場所に着ていけるし、どんなサイズの人にもぴったりです。

このフリンジの「作り目＆止め」は時間がかかります。が、それだけの価値はあると思います。フリンジの「作り目＆止め」をする時、私は一気に編むのではなく、他の編み物と並行しながら、または夜テレビを見ながら、少しずつ編みます。

今回作り方を詳しく紹介している、ミステイクリブのメデューサを、色々な糸で編んでみました。太さだけでなく、色も重要な要素なので、ご自分の気に入った糸で楽しみながら編んでください。段染めの糸で編むと、フリンジの部分はグラデーションになり、本体はストライプっぽく、あるいはボーダーっぽくなったりして、そのコントラストが素敵です。

ミステイクリブ模様はゴム編みのアレンジで、伸縮性がありますので、フリンジの「作り目＆止め」の効果がより一層感じられる、着心地の良いネックウェアが編み上がると思います。

Medusa

No.1

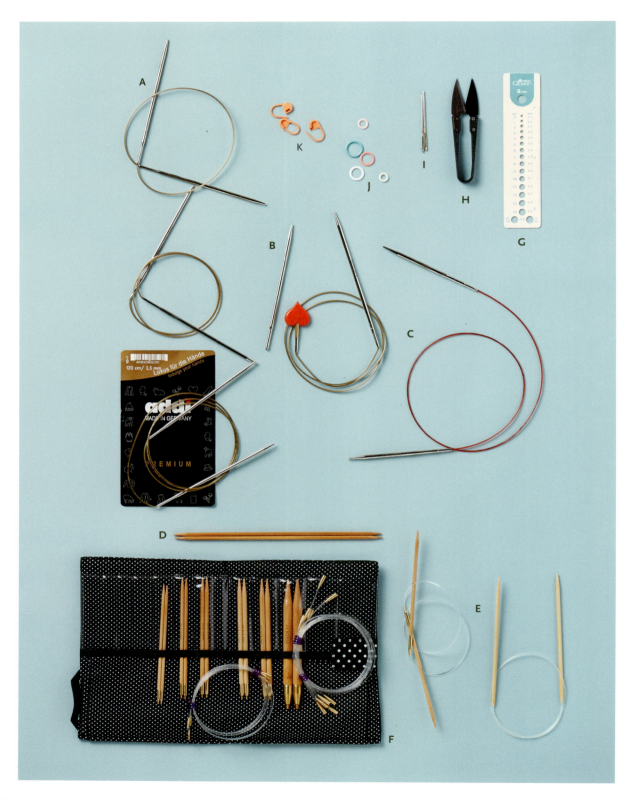

ネックウェアを編む時に使う用具について

スチール製か竹製の棒針で編みます。
輪に編む場合、両端が針になった棒針4〜5本を組み合わせて編む方法と輪針で編む方法があります。
私は、輪に編むネックウェアは輪針を使う方が編みやすいので、輪針をおすすめします。最近のお気に入りは、ドイツ製のaddi（アディ）の「クリック」と言う、つけ替え式のスチール製の輪針です。輪編みにも平編みにも使えるので便利だと思っています。道具の使い勝手は個人差がありますので、自分の使いやすい物を見つけてください。
針の太さは日本と海外では基準と表示方法が違います。日本の針は号数で、海外の針はミリで表示しているのが主流です。本書では号数で表示しています。

私の道具箱

- **A　スチール製の輪針**　コードの両端にスチール製の棒針がついた針。40cm、60cm、80cmなどの長さがある。編む物のサイズに合わせて長さを選びましょう。編む物の周囲の長さより少し短いほうが編みやすいです。
- **B　つけ替え式の輪針**　つけ替え式のスチール製の針とコードを組み合わせて使う輪針。専用のストッパーをつけると使い方が広がります。
- **C　スチール製のレース用の輪針**　細い糸を編む時に編みやすいように、針先が長く、鋭いタイプの輪針。
- **D　竹製の棒針**　両端が針になった竹製の棒針。
- **E　竹製の輪針**　コードの両端に竹製の棒針がついた針。編む物のサイズに合わせて輪針の長さを選びましょう。
- **F　スウィッチ針**　つけ替え式の竹製の針とコードを組み合わせて使う輪針。
- **G　棒針ゲージ**　日本製の棒針の太さを測るための定規です。
穴に針を差し込んで針の太さを確認します。穴の片側に号数（号数表示のあるもの）、もう片側にミリ（mm）で太さが表示されています。
- **H　はさみ**　毛糸を切るのに使います。
- **I　毛糸用とじ針**　針先が丸くなった毛糸用とじ針です。糸の太さに合わせて選びましょう。
- **J　目数リング**　編み始めの位置がわかるように、棒針に通して使います。
- **K　段数リング**　編み目に引っ掛けて段数の目印にします。

★写真のスチール製の輪針はドイツ製のaddiの製品です。
★竹製の輪針は日本製のクロバーの製品です。
★竹製のスウィッチ針のセットは日本製の近畿編針の製品です。

デプスカウンターをつけたオリジナルの糸巻き器（左）

市販の糸巻き器と、釣り道具として売られている釣り糸の長さを測るデプスカウンターを組み合わせて、糸の長さが測れるようにした手づくりの糸巻き器です。習慣として私は、編み始める前に糸巻き器を使って糸を巻き直します。その時に糸の長さと状態（つなぎ目があるかどうか、段染め糸の場合は色のかわり方など）をチェックします。
今回の場合は、編み終わりのフリンジにどれくらいの糸が必要かわかっていると安心して編みすすめられるので、試し編みの時に、フリンジ5本を編むのに糸が何センチ必要かを調べ、どれくらい糸を残しておけば良いか、換算しておきました。

Mistake Rib Medusa
ミステイクリブのメデューサ

本書では、両端にくるくるとカールしたフリンジをつけたネックウォーマーを「メデューサ」と呼びます。
フリンジを作りながら編み始めて、輪針で模様の表側を見ながらグルグルと編み、
フリンジを作りながら目を止めて編み終わります。
フリンジを作りながら「作り目＆止め」をするのが特徴です。
この作り目＆止めの方法が、作り目＆止め部分の伸縮性を格段にアップさせ、
ちょっと引き下げると、ショルダーウォーマーのようにもなります。
くるくると巻いたフリンジになるように、
フリンジの目がねじり目になるように止めていきましょう。
ミステイクリブ模様は、1目ゴム編みの間にガーター編みが1目ずつ入った変わりゴム編みです。

糸 … ZAUBERBALL STÄRKE 6（2095） 200g
針 … 5号60cm輪針　5号棒針
用具 … 目数リング
でき上がり寸法 … 周囲55cm　長さ51cm
ゲージ … ミステイクリブ模様　29目、35段が10cm角

No.1

◉編み方手順

1 フリンジを80本編みながら160目作り目をします。
   目と目の間から糸を引き出す作り目（P.16参照）で22目作り目します。
   減らし始めは、端1目表目を編み、その目を左針に戻し、右針をそのまま差し入れて2目一度を編みます（1目減ります）。次からは、右針の1目を左針に戻して右針をそのまま差し入れて2目一度を編みます（1目減ります）。この要領で20目減らします。
   20目のフリンジが1本編め、左側の針に2目残ります。これが本体の作り目になります（フリンジの作り目　P.17参照）。
   22目作り目し、20目伏せ目して20目のフリンジ1本編め、針に2目残ります（製図では22目/20目と表記しています）。これを繰り返して80本フリンジを編みながら160目作り目します。
2 輪針にフリンジと作り目がかかっています（P.17写真参照）。
3 模様編みの1段めは、往復編みの要領で編みます。表目3目、裏目1目を繰り返して160目編んだら、ねじれないように目を整えます。
4 編み始めがわかるように右針に目数リングを入れ、2段めから輪に編みます。編み始めは裏目1目編み、次からは表目1目、裏目3目を繰り返し、裏目2目で編み終わり、160目編みます。
5 表目3目、裏目1目を繰り返す段と表目1目、裏目3目を繰り返す段を交互に編みます（記号図参照）。作りたい長さまで編みます（作品は130段）。
6 160目を、フリンジを編みながら止めます。
   1目めと2目めの間からフリンジの目を作り始めます（止め始めは、輪針とは別の棒針にフリンジの作り目をするほうが編みやすいです）。フリンジの作り目と同じ要領で20目作り、同じ要領で22目伏せます。20目のフリンジが1本編めて本体の2目が減ります（製図では20目/22目と表記しています）。これを繰り返して80本フリンジを編みながら160目減らします。

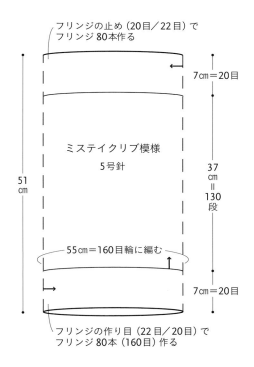

ミステイクリブ模様の編み方記号図

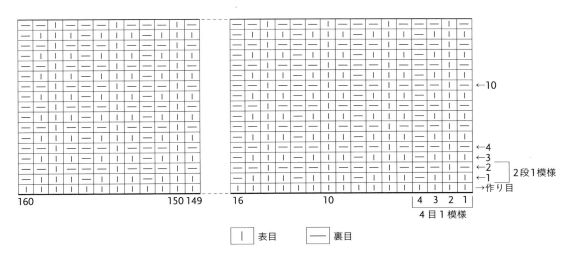

| 表目　　— 裏目

Auf stricken

目と目の間から糸を引き出す作り目

本書では、全作品この方法で作り目しています。ドイツでは「aufstricken」と呼び、よく使われている方法です。
適度に伸縮性があり、縁にロープのようなきれいな縄目模様ができます。
糸端をあらかじめ残しておく必要がないので、
糸の無駄がなく、いつでも、どんな形でも、好きな目数が作れるのでとても便利です。

1
糸端を輪にし、その中から糸を引き出して左針に通して引きしめ、1目作ります。

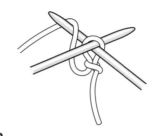

2
左針の1目めに右針を入れ、糸をかけます。

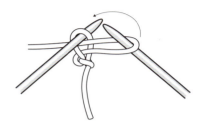

3
糸を少し長めに引き出し、引き出した目を左針に移します。

4
左針に2目かかっているところ。

5
1目めと2目めの間に右針を入れ、糸を引き、右針に手前から向こうに糸をかけて(**2**参照)引き出します。

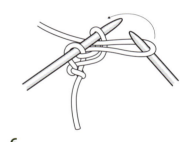

6
引き出した目を、左針に移します。

7
3目めができたところ。今できた目とその前にできた目の間に針を入れ、**5**~**7**の要領で繰り返し、必要目数を作ります。

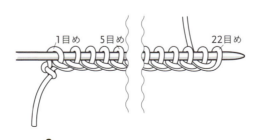

8
22目作り目が編めたところ。

5の1目めと2目めの間に右針を入れて糸を引いたようにすることで、作り目の大きさと、目と目の間隔が揃い、きれいな作り目になります。

フリンジの作り目

「目と目の間から糸を引き出す作り目」で、フリンジを編みながら本体の作り目をする方法です。
ねじり目の伏せ目をしてフリンジを作り、フリンジ部分の作り目と伏せ目の目数の差が、本体の作り目になります。
伏せる目数を減らすことで、フリンジ1本あたりの作り目は増やすことができます（フリンジの間隔が広くなります）。
この本では、フリンジ1本で作り目2目にしています。編み方と製図の表記は（22目←作り目の目数／20目←減らし目の目数）としています。

くるくるとカールしたフリンジになるように、ねじり目の2目一度を編む要領で針を入れ、伏せ目がきつめになる方法を紹介します。

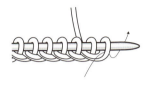

1
「目と目の間から糸を引き出す作り目」で指定の目数作り目し、矢印のように右針を入れて端の目を表目で編みます。

2
右針に1で編んだ表目がかかっています。

3
編んだ右針の目を左針に戻し、端の2目に右針を差し入れ、針に糸を手前から向こうにかけ、2目一緒に糸を引き出します。

4
2目一緒に糸を引き出したところ。1目減りました。3、4を繰り返して指定の目数を減らします。

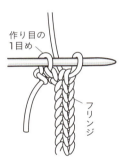

5
フリンジ分の減らし目をして、フリンジと本体の作り目2目が編めたところ。次のフリンジは右側にできます。

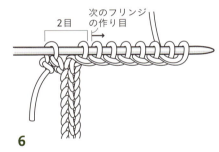

6
5の目と目の間から糸を引き出して、次のフリンジの作り目を編みます。次のフリンジの作り目を7目編んだところ。

輪針にフリンジの作り目が編めたら、目がねじれないように整えてから、模様編みを編み始めます。

糸端

フリンジの作り目

＊写真は見やすいように、KING SIZEの糸でフリンジ50本編んでいます。

フリンジの止め

フリンジを編みながら本体の編み目を止めていく方法で、フリンジの作り目と同じ要領で編んでいきます。
フリンジ部分の作り目と、減らし目の目数の差が本体部分の止めになります。フリンジの作り目より減らす目数を多くします。
減らす目数を増やすことで、フリンジ1本あたりの止めを増やすことができます（フリンジの間隔が広くなります）。
本書では、フリンジ1本で止めを2目にしています。このように表記（20目←作り目の目数／22目←減らし目の目数）しています。

くるくるとカールしたフリンジになるように、ねじり2目一度を編む要領で針を入れて減らし目がきつめになる方法を紹介します。

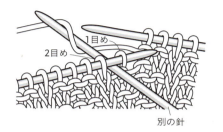

1
本体の1目めと2目めの間に別の針を入れ、糸を引き出します。（輪編みの場合は、別の針を使うと編みやすいです）

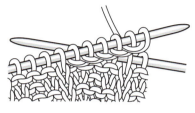

2
フリンジの作り目と同じ要領で左針に指定の目数作り目します。

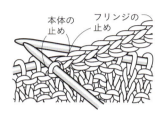

3
フリンジの作り目と同じ要領でフリンジを編み指定の目数減らします。フリンジ分の減らし目をして、本体の2目も止めたところ。
右針（別の針）の目を左針に戻し、目と目の間から糸を引き出して、次のフリンジを作ります。これを繰り返して全目を止めます。

Mistake Rib Medusa

ミステイクリブのメデューサ

色々なタイプの糸で、
ミステイクリブのメデューサを編んでみました。
サイズに合わせて目数、段数もかえています。
自分サイズで編んでみてください。

糸 … No.2　ZAUBERBALL STÄRKE 6（2248）150g
　　　No.3　BIG DISK（2288）115g
　　　No.4　FELTRO（1700）545g
　　　No.5　KING SIZE（3285）275g
針 … No.2　5号40cmの輪針　5号棒針
　　　No.3　6号60cmの輪針　6号棒針
　　　No.4　9ミリ80cmの輪針　9ミリ棒針
　　　No.5　10号60cm輪針　10号棒針
用具 … 目数リング
でき上がり寸法 … No.2　周囲46cm　長さ51cm
　　　　　　　　 No.3　周囲53cm　長さ46cm
　　　　　　　　 No.4　周囲80cm　長さ61cm
　　　　　　　　 No.5　周囲66cm　長さ63cm
ゲージ … ミステイクリブ模様
　　　　 No.2　26目、35段が10cm
　　　　 No.3　19目、30段が10cm角
　　　　 No.4　10目、16段が10cm角
　　　　 No.5　15目、21.5段が10cm角

○編み方

＊No.3のBIG DISKは2本どりで編みます。他の糸は1本どりで編みます。

1 フリンジの作り目（P.17参照）で、（No.2、No.3 22目/20目　No.4、14目/12目　No.5 20目/18目）のフリンジを（No.2 60本　No.3、No.5 50本　No.4 40本）作りながら（No.2 120目 No.3、No.5 100目 No.4 80目）作り目します。

2 P.15の記号図のようにミステイクリブ模様で（No.2 130段　No.3 84段　No.4 72段　No.5 90段）編みます。

3 フリンジの止め（P.18参照）で、（No.2、No.3 20目/22目　No.4 12目/14目　No.5 18目/20目）のフリンジを（No.2 60本　No.3、No.5 50本　No.4 40本）作りながら目を止めます。

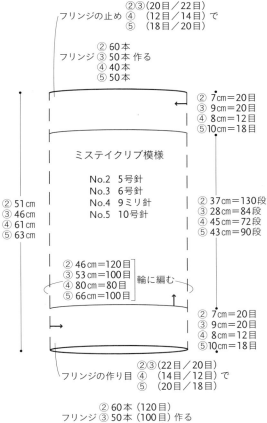

②③（20目/22目）
フリンジの止め ④　（12目/14目）で
　　　　　　　 ⑤　（18目/20目）

② 60本
フリンジ ③ 50本 作る
　　　　 ④ 40本
　　　　 ⑤ 50本

② 7cm=20目
③ 9cm=20目
④ 8cm=12目
⑤ 10cm=18目

ミステイクリブ模様
No.2　5号針
No.3　6号針
No.4　9ミリ針
No.5　10号針

② 51cm
③ 46cm
④ 61cm
⑤ 63cm

② 37cm=130段
③ 28cm=84段
④ 45cm=72段
⑤ 43cm=90段

② 46cm=120目
③ 53cm=100目
④ 80cm=80目
⑤ 66cm=100目
輪に編む

② 7cm=20目
③ 9cm=20目
④ 8cm=12目
⑤ 10cm=18目

②③（22目/20目）
フリンジの作り目 ④（14目/12目）で
　　　　　　　　⑤（20目/18目）

② 60本（120目）
フリンジ ③ 50本（100目）作る
　　　　 ④ 40本（80目）
　　　　 ⑤ 50本（100目）

※丸数字は作品番号

Faked Cable

No.6

フェイクケーブルのメデューサ
編み方→P.22

Faked Cable
フェイクケーブルのメデューサ

表編みと裏編みだけなのに、まるで縄編みのように見える簡単な模様編み。
晴れ渡った青空のような段染め糸でさわやかに。

糸 … GRADIENT（2198）250g
針 … 5号60cmの輪針　5号棒針
用具 … 目数リング
でき上がり寸法 … 周囲72cm　長さ52cm
ゲージ … フェイクケーブル模様　21目、35段が10cm角

○編み方
1 フリンジの作り目（P.17参照）で、（22目/20目）のフリンジを75本作りながら150目作り目します。
2 記号図のようにフェイクケーブル模様で134段編みます。
3 フリンジの止め（P.18参照）で、（20目/22目）のフリンジを75本作りながら目を止めます。

No.6

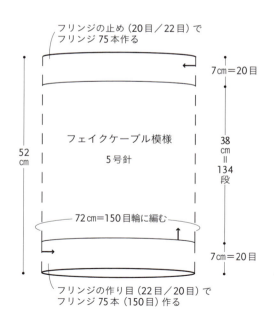

フリンジの止め（20目／22目）でフリンジ75本作る
7cm=20目
フェイクケーブル模様
5号針
52cm
38cm=134段
72cm=150目輪に編む
7cm=20目
フリンジの作り目（22目／20目）でフリンジ75本（150目）作る

フェイクケーブル模様の編み方記号図

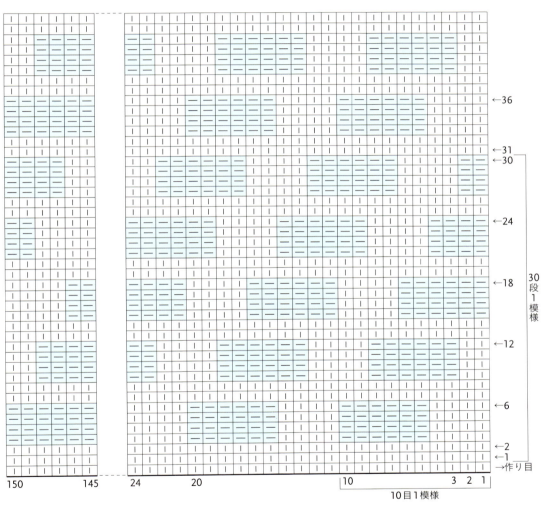

□ | 表目　　— 裏目

Aster Stitch

アスタースティッチのメデューサ
編み方→P.26

No.7

Aster Stitch

アスタースティッチのメデューサ

雰囲気のある青磁色をベースに、段染めの糸で編んだアスタースティッチ。段染めの色の出方によって
カラフルからシックまで色々な雰囲気が楽しめます。

糸 … a色：CASHIMERE QUEEN（5723）140g
　　　b色：ZAUBERBALL STÄRKE 6（1701）50g
針 … 5号60cmの輪針　5号棒針
用具 … 目数リング
でき上がり寸法 … 周囲60cm　長さ44cm
ゲージ … アスタースティッチ模様　24目、32.5段が10cm角

◎編み方
1 CASHIMERE QUEENでフリンジの作り目（P.17参照）で、（22目/20目）のフリンジを72本作りながら144目作り目します。
2 CASHIMERE QUEENとZAUBERBALL STÄRKE 6で記号図のようにアスタースティッチ模様（P.28参照）で98段編みます。
模様の位置が交互になるように、模様の編み始め位置（目数リングも一緒に）をずらしながら編みます。
3 CASHIMERE QUEENでフリンジの止め（P.18参照）で、（20目/22目）のフリンジを72本作りながら目を止めます。

No.7
b色
a色

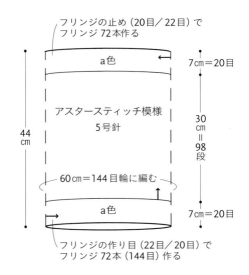

アスタースティッチ模様の編み方記号図

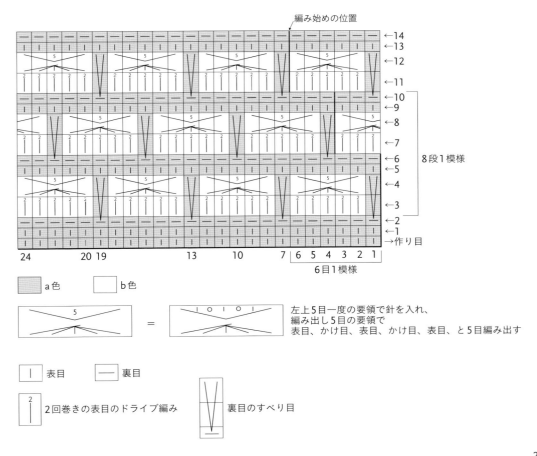

27

Aster Stitch

アスタースティッチ模様の編み方 (P.27 記号図参照)

1. a色の糸で「フリンジの作り目」(P.17参照)で作り目します。
2. 1段めはa色で表目を編みます。
3. 2段めから、輪に編みます。編む時にねじれないようにして、a色で裏目を編みます。
4. 3段めの1目めは編まずに右針に移動する、「すべり目」にします。b色の糸をつけ、次の目は表目を編むように針を入れ、針に糸を2回巻いて引き出す、「2回巻きの表目のドライブ編み」を編みます。これをさらに4回繰り返します。b色の糸を後ろにまわし、次の目は編まずに右針に移動する「すべり目」にします。「すべり目1目、2回巻きの表目のドライブ編み5目」を繰り返します。
5. 4段めはb色の糸で1目めは編まずに右針に移動する、「すべり目」にします。
6. 前段のドライブ編みの2回巻いた糸をほどき、ほどいてのびた目を右針に移します。次の4目もこれを繰り返します(写真6参照)。
7. 右針に移した5目を左針に戻し、右の針を矢印のように入れます(写真7参照)。
8. 5目一度にすくいます(写真8参照・左上5目一度の要領)。
9. 左針はそのままで右針に糸をかけ、表目、かけ目を編み、8で左上5目一度をした目に再度右針を入れて表目を編み、もう一度かけ目、表目を繰り返して5目編み出します(写真9参照・編み出し目の要領)。
10. 次の目は編まずに右針に移動する、「すべり目」にします。6~10を繰り返して4段めを編みます(写真10参照)。
11. 5段めはa色の糸で表目を編みます。前段で「すべり目」した目を編む時に裏に渡っているb色の糸も一緒にすくって編みます(写真11参照)。
12. 6段めはa色の糸で裏目を編みます。
13. 7段めは編み始めの位置を移動します。編まずに右針に3目移動して編み始めの位置をずらしてから、4~12(3段め~6段め)と同様に編みます。4段ごとに編み始めの位置をずらしながら編みます。

Brioche

No.8

両面イギリスゴム編みのメデューサ（上・裏側　下・表側）　編み方→P.34

No.9

Brioche

両面イギリスゴム編みのスヌード
編み方→P.34

両面イギリスゴム編みのメデューサとスヌード

2色の糸で編む両面イギリスゴム編みは表目と裏目で色の違う縞模様。表側からと裏側からではメインの色が違って見えます。

糸 … No.8 CASHIMERE QUEEN　a色(5723) 85g　b色(0781) 85g
　　　No.9 KING SIZE　a色(6770) 85g　b色(5693) 85g
針 … No.8 5号60cmの輪針　5号棒針
　　　No.9 10号80cmの輪針　10号棒針
用具 … 目数リング　とじ針
でき上がり寸法 … No.8 周囲70cm　長さ47cm
　　　　　　　　No.9 周囲134cm　長さ16cm
ゲージ … 両面イギリスゴム編み　No.8　25.5目=10cm　40段=7cm
　　　　　No.9 34目=10cm　20段=7cm

●編み方
No.8
1 a色でフリンジの作り目(P.17参照)で、(22目/20目)のフリンジを50本作りながら100目作り目します。
2 1段ごと糸をa色とb色にかえながら両面イギリスゴム編みで輪に編みます。
3 b色でフリンジの止め(P.18参照)で、(20目/22目)のフリンジを50本作りながら目を止めます。

No.9
1 a色で目と目の間から糸を引き出す作り目(P.16参照)で、160目作り目します。
2 1段ごと糸をa色とb色にかえながら両面イギリスゴム編みで輪に編みます。
3 編み終わりの目を伏せ目で止めます(P.91参照)。

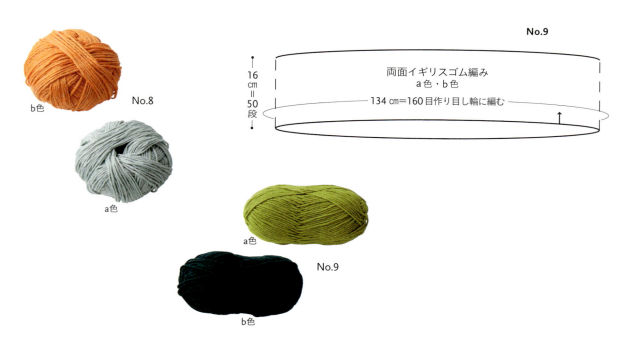

No.8

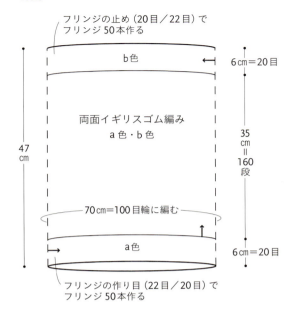

両面イギリスゴム編みの編み方記号図

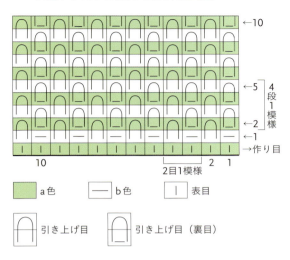

2色使いの輪に編む両面イギリスゴム編み

2色使いの輪に編む両面イギリスゴム編みは、表目と裏目が違う色になります。
a色の時は表目を編み、裏目は糸をかけて編まずに移す、
b色の時は裏目を編み、表目は糸をかけて編まずに移します。
表側から見るとa色が表目、b色が裏目になります。
a色の糸で作り目をします。

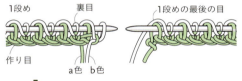

1

1段めは、a色の糸は休めておき、b色の糸をつけて最初の目を裏目で編みます。糸を手前にし、次の目は編まずに右針に移し、針に糸を手前から向こうにかけます。次の目は裏目で編みます。これを繰り返します。1段めを編んだところ。

2

2段めは、b色の糸は休めておき、a色で最初の目は編まずに右針に移し、針に糸を手前から向こうにかけます。次の目は前段のかけ目と一緒に表目で編みます。これを繰り返します。2段めが編めたところ。

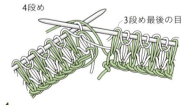

3

3段めは、a色の糸は休めておき、b色の糸を手前にし、最初の目を前段のかけ目と一緒に裏目で編みます。(ここで輪になります、糸がゆるまないように少し引き気味にすると隙間があかずにきれいです)。次の目は編まずに右針に移し、針に糸を手前から向こうにかけます。これを繰り返します。

4

4段めは、b色の糸は休めておき、a色で最初の目は編まずに右針に移し、針に糸を手前から向こうにかけます。次の目を前段のかけ目と一緒に表目で編みます。これを繰り返します。

5
3〜4を繰り返して編みすすみます。

Kushidango

No.10

串だんごマフラー
編み方→P.38

No.11

Kushidango
串だんごマフラー

1目ゴム編みと両面イギリスゴム編みを交互に編んだマフラー。
編み地の特徴を生かして同じ目数でも幅に違いが出て、まるで串だんごみたい。
フリンジをつけてもつけなくてもユニークなフォルム。

糸 … ZAUBERBALL STÄRKE 6
　　No.10（2170）142g
　　No.11（1537）142g
針 … 5号2本棒針
でき上がり寸法 … 幅12〜16cm　No.10 長さ147cm　No.11 長さ135cm
ゲージ … 1目ゴム編み　34目=10cm　20段=7cm
　　　　両面イギリスゴム編み　25.5目=10cm　40段=7cm

No.10

No.11

○編み方
No.10
1 目と目の間から糸を引き出す作り目（P.16参照）で、41目作り目します。
2 記号図のように1目ゴム編みと両面イギリスゴム編みを繰り返すゴム編みで編みます。10回繰り返し、編み終わりは1目ゴム編みになるようにします。編み終わりの目を伏せ目で止めます（P.91参照）。

No.11
1 フリンジの作り目（P.17参照）で、（22目/20目）のフリンジを21本作りながら42目作り目します。
2 1段めの中央21目めと22目めを左上2目一度をして41目に減らし、記号図のように1目ゴム編みと両面イギリスゴム編みを繰り返すゴム編みで編みます。8回繰り返し、編み終わりは1目ゴム編みになるようにします。
3 フリンジの止め（P.18参照）で、（20目/22目）のフリンジを20本、最後のフリンジは（20目/21目）にし、合計21本のフリンジを作りながら目を止めます。

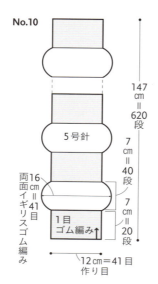

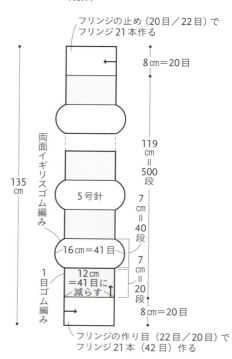

ゴム編みの編み方記号図

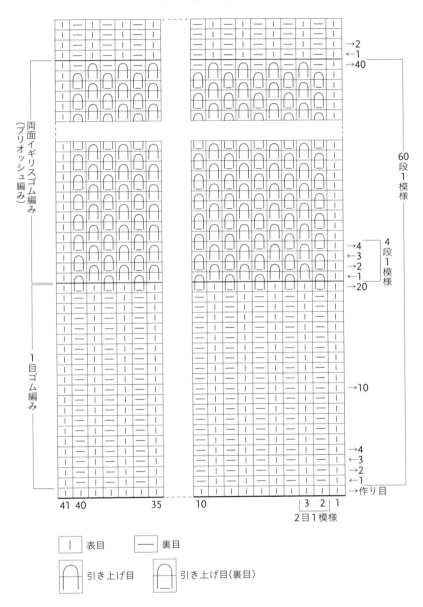

| 表目 | 裏目 |
| 引き上げ目 | 引き上げ目(裏目) |

No.12

Lace

No.13

レースリブのメデューサ
編み方→ P.42

レースリブのメデューサ

裏目、かけ目と中上3目一度で作る、レーシーなゴム編み。
着ている服の色が、かすかに透けて見える、軽やかなタイプ。

糸 … No.12 CASHIMERE QUEEN（7130）140g
　　 No.13 GRADIENT（2261）170g
針 … No.12 No.13　5号60cmの輪針　5号棒針
用具 … 目数リング
でき上がり寸法 … No.12 周囲57cm　長さ48cm
　　　　　　　　 No.13 周囲57cm　長さ51cm
ゲージ … レースリブ模様　No.12 21目、24段が10cm角
　　　　　　　　　　　　 No.13 21目、25段が10cm角

○ 編み方
1 フリンジの作り目（P.17参照）で、（22目/20目）のフリンジを60本作りながら120目作り目します。
2 記号図のようにレースリブ模様で（No.12 81段、No.13 93段）輪に編みます。
3 フリンジの止め（P.18参照）で、（20目/22目）のフリンジを60本作りながら目を止めます。

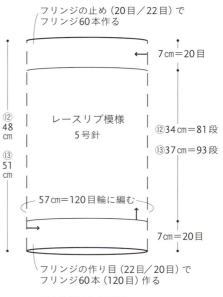
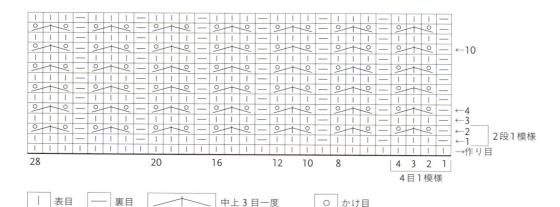

レースリブ模様の編み方記号図

| 表目　 — 裏目　 中上3目一度　○ かけ目

Old Shale Medusa
オールドシェイルのメデューサ

13目で1模様の小さな波形を繰り返すオールドシェイル模様。段染めの色の変化が波形模様をいっそう引き立てます。

糸 … ZAUBERBALL STÄRKE 6 (2136) 190g
針 … 5号60cmの輪針　5号棒針
用具 … 目数リング
でき上がり寸法 … 周囲70cm　長さ48cm
ゲージ … オールドシェイル模様　24目、36段が10cm角

○ 編み方

1　フリンジの作り目(P.17参照)で、(22目/20目)のフリンジを83本、最後のフリンジは(23目/20目)にし、合計84本フリンジを作りながら169目作り目します。
2　記号図のようにオールドシェイル模様で121段輪に編みます。
3　フリンジの止め(P.18参照)で、(20目/22目)のフリンジを83本、最後のフリンジは(20目/23目)にし、合計84本フリンジを作りながら目を止めます。

No.14

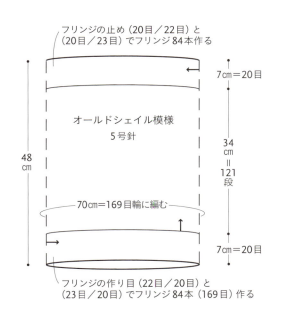

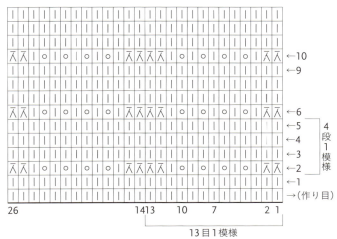

オールドシェイル模様の編み方記号図

| | 表目　○ かけ目　人 左上2目一度(裏目)

No.14
オールドシェイルのメデューサ
編み方→ P.43

No.15
オールドシェイルのスヌード
編み方→ P.50

Old Shale Snood & Medusa

Old Shale Snood

No.16

オールドシェイルのスヌード
編み方→P.50

Old Shale Snood

No.17

オールドシェイルのスヌード
クレイジーザウバーボール1玉で編めます。
編み方→P.50

Old Shale Snood

オールドシェイルのスヌード

24目1模様の大きな波形模様が、
作り目側にくっきり出るのがポイントのスヌード。
色とサイズをかえることでイメージが大きくかわります。

糸 … No.15 ZAUBERBALL STÄRKE 6（1537）130g
　　　No.16 ZAUBERBALL STÄRKE 6（1701）230g
　　　No.17 CRAZY ZAUBERBALL（1507）85g
針 … 5号80cmの輪針　5号棒針
用具 … 目数リング
でき上がり寸法 … No.15 周囲100cm　長さ24cm
　　　　　　　　No.16 周囲116cm　長さ36cm
　　　　　　　　No.17 周囲90cm　長さ23cm
ゲージ … オールドシェイル模様
　　　　No.15 29目、32段が10cm角
　　　　No.16 31目、30段が10cm角
　　　　No.17 32目、32段が10cm角

◉編み方
1 目と目の間から糸を引き出す作り目（P.16参照）で、No.15、No.17は288目、No.16は360目作り目します。
2 記号図のようにガーター編みで6段輪に編み、続けてオールドシェイル模様でNo.15は60段、No.16は100段、No.17は64段輪に編み、ガーター編みにかえて6段編みます。
3 編み終わりの目を伏せ目で止めます（P.91参照）。

No.15

No.16

No.17

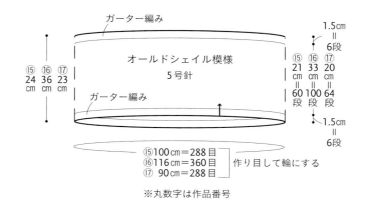

ガーター編みとオールドシェイル模様の編み方記号図

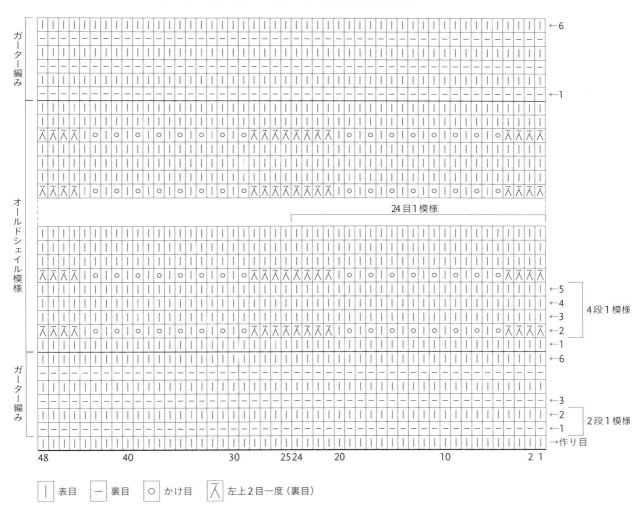

Leaf Capes

リーフ模様のケープ
編み方→ P.57

No.18

Leaf Capes

No.19

リーフ模様のケープ
編み方→ P.57

No.20

No.21

Summer Cape

No.22

Capes

えりぐりから裾に向かって増し目をしながら編むケープ。
使う糸や模様の数をかえることによってサイズをかえられます。
夏用は、えりぐりをメリヤス編みにして、
くるっとロールするデザインにアレンジしました。

糸 … No.18 GRADIENT（2262）175g
　　No.19 KING SIZE（3450）250g
　　No.20 CASHIMERE QUEEN（5990）140g
　　No.21 ZAUBERBALL STÄRKE 6（2079）130g
　　No.22 MY SILK（0380）100g
針 … No.18　No.20　No.21　No.22　5号40cm、60cmの輪針　5号棒針
　　No.19 10号40cm、60cmの輪針　10号棒針
用具 … 目数リング
でき上がり寸法 … No.18、No.20 周囲150cm　長さ25cm
　　　　　　　　No.19 周囲148cm　長さ28cm
　　　　　　　　No.21 周囲120cm　長さ21cm
　　　　　　　　No.22 周囲150cm　長さ23cm
ゲージ … 模様編み　No.18、No.20 22目、26段が10cm角
　　　　　　　　　No.19 20目、23段が10cm角
　　　　　　　　　No.21 33目、31段が10cm角
　　　　　　　　　No.22 26目、28段が10cm角

○編み方

1 編み始めは目と目の間から糸を引き出す作り目（P.16参照）で、（No.18、No.20 100目　No.19 92目　No.21、No.22 120目）作り目します。

2 図のように、No.18、No.19、No.20、No.21は2目ゴム編み、No.22はメリヤス編みで編み、続けて模様編みで編みます。

3 2で編み始めと編み終わりの模様がつながるように1段目で1目増し、あるいは減らし目します。記号図のように模様編みで編みます。

4 編み終わりの目を、伏せ目で止めます（P.91参照）。

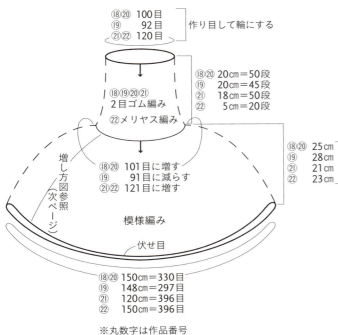

※丸数字は作品番号

2目ゴム編み記号図

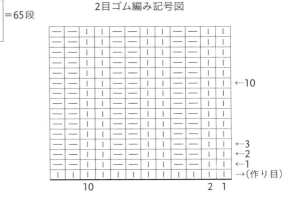

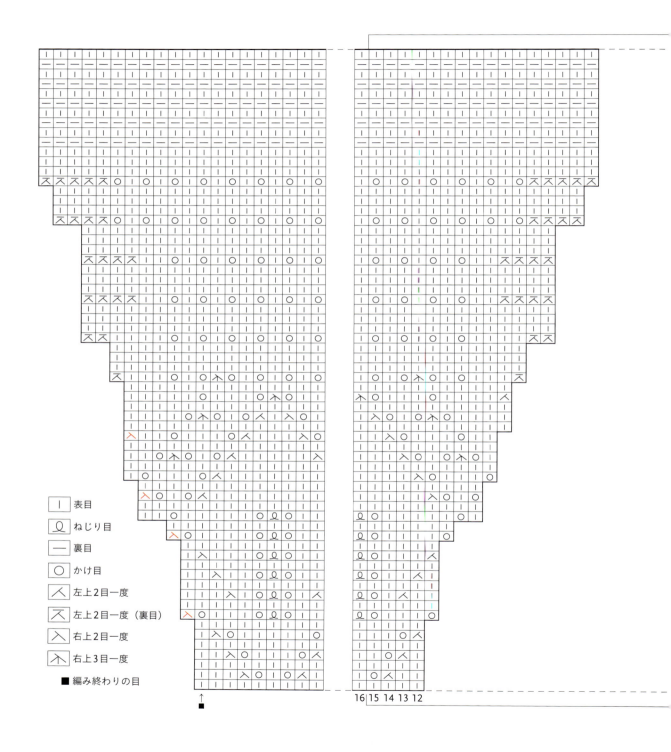

模様編みの編み方記号図

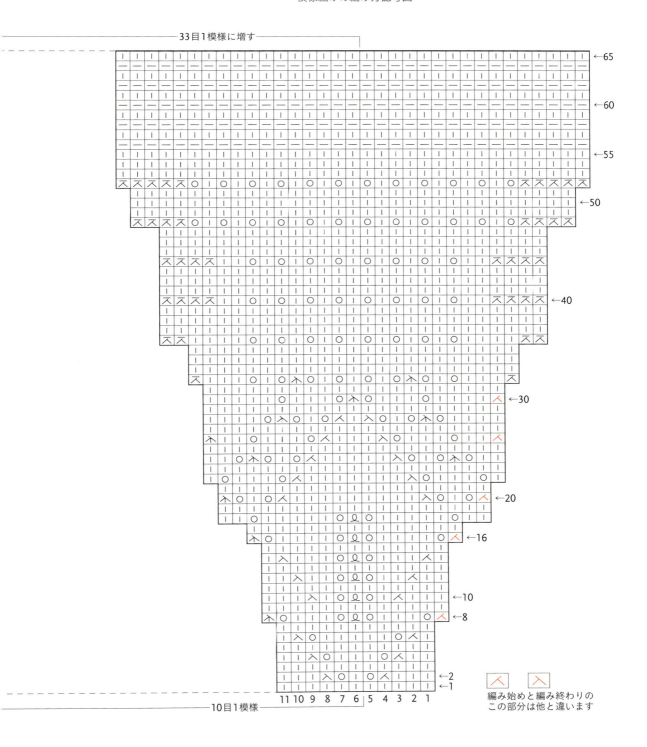

No.23

Sakura Scarf

さくらのスカーフ
編み方→ P.62

Sakura Scarf
さくらのスカーフ

ドライブ編みと編み目を巻いて絞る技法を組み合わせたフラワー模様。
ピンクの段染め糸で咲き乱れる桜の花のようなスカーフに。

糸 … XL KLECKSE（2191）95g
針 … 5号2本棒針
用具 … 目数リング
でき上がり寸法 … 幅16.5cm　長さ106cm
ゲージ … フラワー模様　34.5目、35段が10cm角

◎編み方
1 編み始めは目と目の間から糸を引き出す作り目（P.16参照）で、57目作り目します。
2 往復編みで、記号図のようにフラワー模様で374段編みます。
3 編み終わりの目を、伏せ止めます（P.91参照）。

No.23
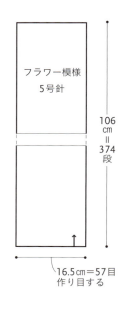

フラワー模様の編み方

3段め（表側の段）

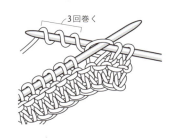
3回巻く

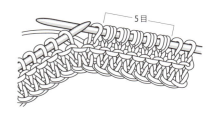
5目

1 表目を2目編んだら、次の目に右針を表目を編むように入れ、針に糸を3回巻きつけ、目から糸を引き出します。

2 同様にして、3回巻きの表目のドライブ編みをあと4目編み、続けて表目を1目で編みます。3回巻きの表目のドライブ編みを5目、表目1目を繰り返して編み、編み終わりに表目を1目編みます。

4段め（裏側の段）

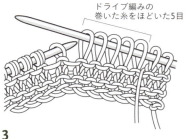
ドライブ編みの巻いた糸をほどいた5目

3 編み地を裏返し、表目を2目編み、糸を手前にして3段めで編んだドライブ編みの3回巻いた糸をほどき、ほどいてのびた目を右針に移します。次のドライブ編み4目もこれを繰り返します。

フラワー模様の編み方記号図

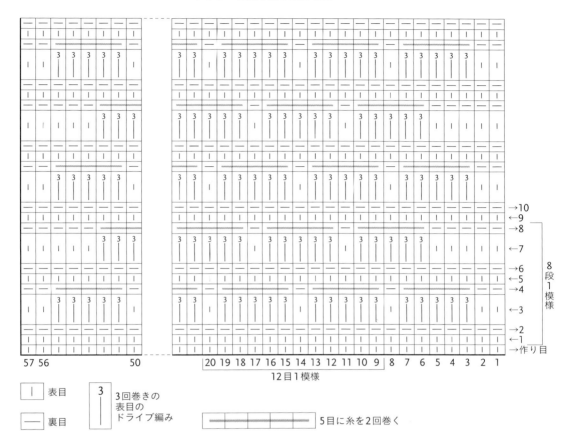

□	表目
─	裏目

3回巻きの表目のドライブ編み

5目に糸を2回巻く

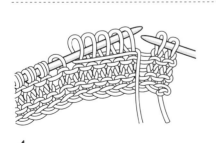

4
糸を向こう側にまわし、**3**で右針に移した目を左針に戻します。糸を手前側に出して糸を引き、5目の中央を絞ります。

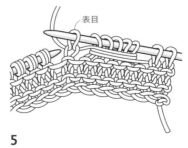

5
ドライブ編みの5目を再度右針に移して、**4**と同様にして糸をもう1回巻き、次の目を表目で編みます。同様に繰り返して編み、編み終わりは表目をもう1目編みます。

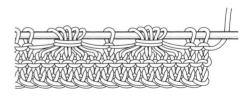

6
4段めが編み終わって編み地を返して表側から見たところ。

No.24

＊手袋の「いいねっ！ミトン」は参考作品

Fringed Scarf

ミステイクリブのフリンジスカーフ

フリンジの「作り目」と「止め」の練習に最適な1玉で編めるスカーフ。
ネックウェアより目数も少なく、
編みやすい太さのちょっとおしゃれな色の段染め糸です。

糸 … ADOMIRAL STÄRKE 6 SPACE (2238) 145g
針 … 5号2本棒針
でき上がり寸法 … 幅12cm 長さ134cm
ゲージ … ミステイクリブ模様 34目、33段が10cm角

◎編み方

1 フリンジの作り目(P.17参照)で、(20目/18目)のフリンジを21本作りながら42目作り目します。
2 1段めの編み終わりで41目に減らし目し、記号図のようにミステイクリブ模様で398段編む。
3 フリンジの止め(P.18参照)で、(18目/20目)のフリンジを20本最後は(18目/21目)にし、合計21本フリンジを作りながら目を止めます。

No.24

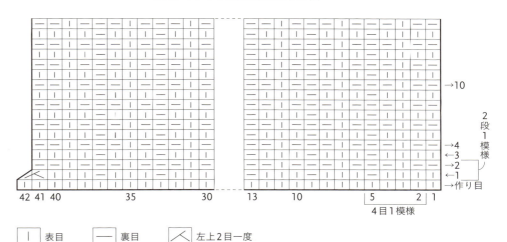

ミステイクリブ模様の編み方記号図

| 表目　— 裏目　⊼ 左上2目一度

Chain Snood

No.25

No.26

ミステイクリブのチェーンスヌード
編み方→P.68

Chain Snood

ミステイクリブのチェーンスヌード

2枚めのスヌードを編む時に、最初に編んだスヌードに作り目を通してから輪に編みます。編み地、糸や色、サイズをかえるといろいろな表情が出て面白いです。あなたらしい組み合わせを試してみてください。

糸 … No.25 a：LIFE STYLE（4800）50g
　　　　　 b：MY SILK（0861）50g
　　　No.26 a：GRADIENT（2202）90g
　　　　　 b：CASHIMERE QUEEN（7130）85g
針 … 5号80cmの輪針　5号棒針
用具 … 目数リング
でき上がり寸法 … No.25 周囲a：85cm　b：100cm　長さa：9cm　b：10cm
　　　　　　　　 No.26 周囲a：108cm　b：113cm　長さa、b：12cm
ゲージ … ミステイクリブ模様
　　　　　No.25 a：28目＝10cm、33段＝9cm　b：24目、33段が10cm角
　　　　　No.26 a：24目、32段が10cm角　b：23目、32段が10cm角

●編み方

1　aの糸を使い、目と目の間から糸を引き出す作り目（P.16参照）で、No.25は240目、No.26は260目作り目します。
2　記号図のようにミステイクリブ模様で輪に、No.25は33段、No.26は39段編み、編み終わりの目を伏せ目で止めます（P.91参照）。
3　bの糸を使い、目と目の間から糸を引き出す作り目で、No.25は240目、No.26は260目作り目します。
4　2で編み上がったaの輪に、3の作り目を通し、記号図のようにミステイクリブ模様で輪に、No.25は33段編み、No.26は39段、編み終わりの目を伏せ目で止めます。

ミステイクリブ模様の編み方記号図

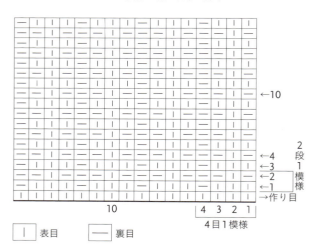

| 表目　　— 裏目

ペルリーヌ

中央の表目が立つように、中上3目一度で毎段減らし、
三角形になるようにしました。
ジャケットやコートの前あきの部分がカバーできる肩かけタイプです。

糸 … GRADIENT （2249）160g
針 … 5号60cmの輪針　5号棒針
用具 … 目数リング
でき上がり寸法 … 周囲100cm　長さ17cm
ゲージ … イギリスゴム編み　18目、41段が10cm角
　　　　 1目ゴム編み　18目、25段が10cm角

○編み方
1 フリンジの作り目(P.17参照)で、(22目/20目)のフリンジを90本作りながら180目作り目します。
2 記号図のようにイギリスゴム編みで編み、前中央で2段めから毎段中上3目一度で減らし目します。100目になるまで減らし目をしながら(41段)編みます。
3 続けて、1目ゴム編みで42段編みます。
4 フリンジの止め(P.18参照)で、(20目/22目)のフリンジを50本作りながら目を止めます。

1目ゴム編みの編み方記号図

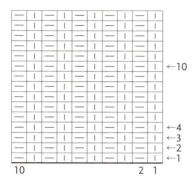

No.27

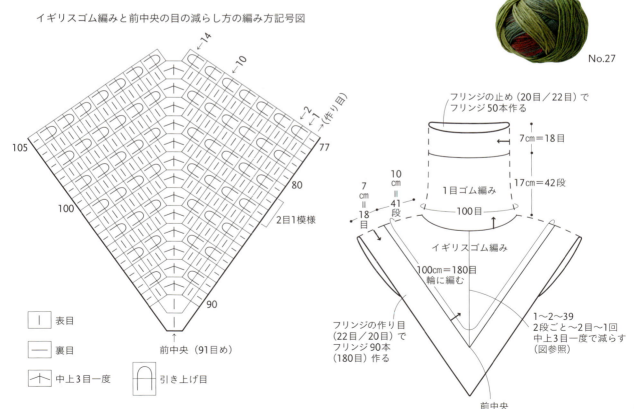

69

Pelerine

No.27

ペルリーヌ
編み方→P.69

No.28

アコーディオン模様のループスヌード
編み方→ P.72

アコーディオン模様のループスヌード

アコーディオン模様と伏せ止めと作り目を組み合わせ、
7連のネックレスのようにしたスヌード。
ループの部分のアレンジが楽しめるデザインです。

糸 … ZAUBERBALL STÄRKE 6（2083）250g
針 … 5号80cmの輪針　5号棒針
用具 … 目数リング
でき上がり寸法 … 周囲135cm　長さ14cm
ゲージ … アコーディオン模様　20目、100段が10cm角

○編み方
1 目と目の間から糸を引き出す作り目（P.16参照）で、270目作り目をして輪にし、裏目で9段編み、表目で9段編みます。
2 表目の10段めは、表目で50目編み、続けて次の目から、ねじり目の伏せ目で170目伏せ目し、続けて表目で50目編みます。
3 次の段は裏目で50目編み、編み地を裏側にして目と目の間から糸を引き出す作り目で170目作り目します。編み地を表側に戻して裏目で50目編みます。
4 続けて9段裏目を編み、表目で9段編みます。
5 2～4を繰り返し、20段ごとにループを作りながら編みます。
6 編み終わりの目を伏せ目で止めます（P.91参照）。

No.28

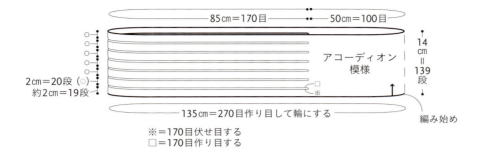

アコーディオン模様とループの作り方の編み方記号図

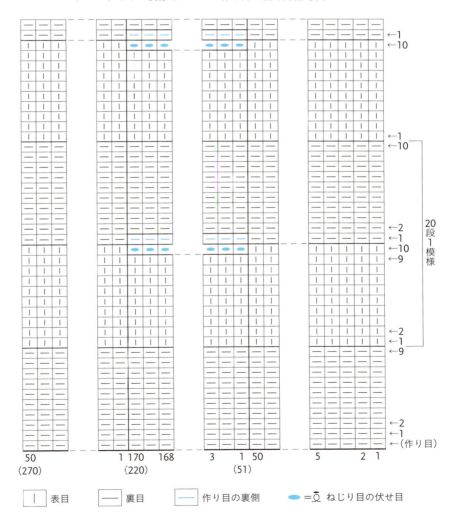

No.29

Fringed Shawl

ガーター編みの三角フリンジショール

フリンジの「作り目」と「止め」を応用して、4段ごとに増し目、
または減らし目をしてガーター編みを編みながら
20目のフリンジのついた三角形のショールを編みます。

糸 … ZAUBERBALL STÄRKE 6 (1505) 280g
針 … 5号2本棒針
でき上がり寸法 … 幅46cm　長さ168cm
ゲージ … ガーター編み　22目、39段が10cm角

◯編み方

1 編み始めは目と目の間から糸を引き出す作り目(P.16参照)で、23目作り目し、20目をねじり目の伏せ目をして、続けて表目を編みます。棒針に3目とフリンジ1本ができます。
編み地を裏返して表目を3目編み、編み地を表に返して目と目の間から糸を引き出す作り目で20目作り目し、20目をねじり目の伏せ目をして20目のフリンジを1本編み表目を3目編みます。この要領で、往復編みでフリンジを編みながらガーター編みを編みます。

2 記号図を参考に4段ごとに21作り目して20目ねじり目の伏せ目をして1目増し目をしてガーター編みの部分が85になるまで繰り返します。

3 フリンジの止め(P.18参照)の要領で、4段ごとに20目作り目して21目ねじり目の伏せ目をして1目減らし目をしてガーター編みの部分が3目になるまで繰り返します。

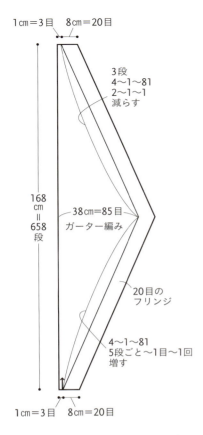

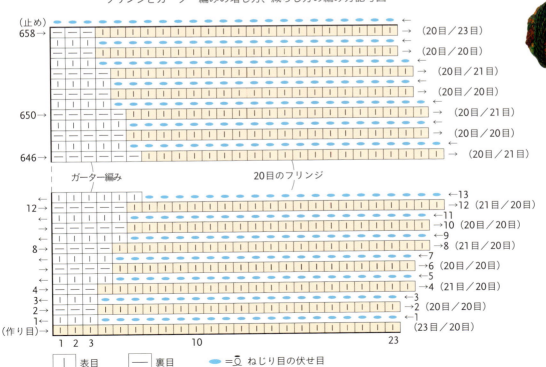

フリンジとガーター編みの増し方、減らし方の編み方記号図

| =表目　— =裏目　● =⌀ ねじり目の伏せ目

German Lace Shawl

No.30

ジャーマン・レースショール
編み方→ P.78

ジャーマン・レースショール

オールドシェイル模様を往復編みで編んだロングショール。
繊細で華やかなモヘアの段染め糸を選んで、特別な日のおしゃれに。

糸 … LACE BALL 100 (1505) 175g
針 … 5号2本棒針
用具 … とじ針
でき上がり寸法 … 幅43cm　長さ200cm
ゲージ … オールドシェイル模様　30目、33段が10cm角

◦編み方
1 目と目の間から糸を引き出す作り目(P.16参照)で、130目作り目します。
2 記号図のように、ガーター編みで8段編み、続けて、両端5目ずつをガーター編みにした、オールドシェイル模様で644段編みます。
3 続けて、ガーター編みで8段編み、編み終わりは、2段表目になるようにして目を伏せ目で止めます(P.91参照)。

No.30

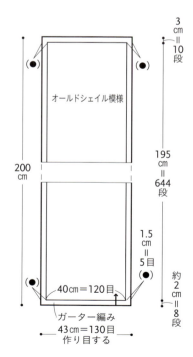

ガーター編みとオールドシェイル模様の編み方記号図

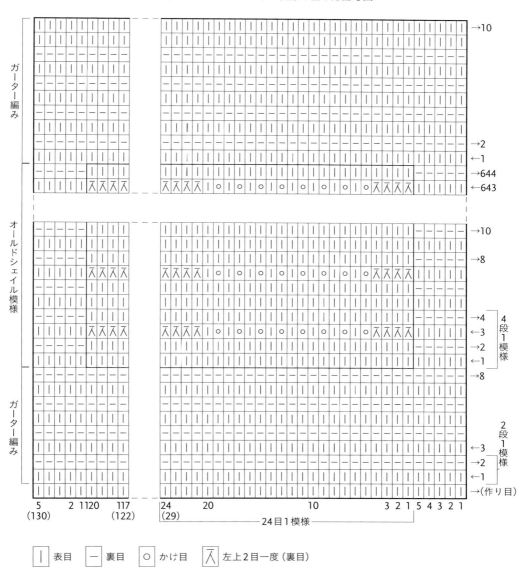

| | 表目 | — 裏目 | ○ かけ目 | 人 左上2目一度(裏目) |

色の綺麗な糸に出会ったら編み物は本当に楽しくなります。私はいつでもどこでも編み物を楽しんでいます。

Color - Spice of your life

今が編み物の黄金期！

私は12歳の時から編み物をしています。最初に編んだのは、青地に黄色のストライプ模様の入ったシンプルなベストで、母の余り糸をもらって作ったものでした。当時、私たち家族の住んでいたアッセンハイムという町で、良質な毛糸を探すのは簡単ではありませんでした。1980年代に、ドイツ中で編み物ブームが巻き起こると、私たちの近所にもようやく毛糸屋さんが一軒できました。インターネットが普及していなかった当時、私はその店に度々訪れて新しい糸を探すのが楽しみでした。その時に買った糸でアラン模様のセーターを編んだのですが、それは今でも大事に着ています。

けれど、現在では実にたくさんの種類の毛糸が簡単に手に入るようになりました。小さな毛糸会社でもインターネットを通して、糸を販売しています。新しい染織技術や製品管理によって、複数の素材を混ぜ合わせることも可能になり、編みやすく着心地の良い糸が生まれました。鮮やかで息を呑むほどに美しい段染めの糸もたくさんあります。

編み物では、同じデザインや模様のものを編んでも、糸の質や色によって仕上がりが大きくかわります。糸の力をうまく活かせば、シンプルな模様で、すばらしい作品を編むことができます。

編み物の道具も大きく進化してきました。たとえば、100年前にも大きなレースのテーブルクロスが編まれていましたが、当時は棒針を何本も使って編む方法しかありませんでした。プラスチックの道具はまだ開発されていなく、輪針は存在していませんでした。

私はメビウスの輪のスカーフを編むのが好きで、最初に900目以上の作り目をすることもあります。このデザインは輪針で約3.5メートルにもなり、輪針なしでは不可能です。現在では、本書のP.12、P.13で紹介しているような便利で使いやすい道具が入手できますので、色々なデザインに挑戦しています。

人類の長い歴史の中で編み物はずっと私たちの暮らしの中にありましたが、今こそが最も編み物の素材が充実している時です。もし、あなたが今まで「編み物をやってみたかった」と思っていたのであれば、是非この素晴らしい編み物の世界に参加してみてください。

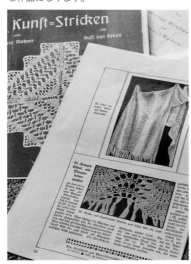

オールドシェイルのネックウェア(No.14〜17, No.30)は、古いドイツの資料を参考にしました。このような昔のデザインは、現代の糸で編めば新鮮でモダンな作品になります。

蓋つきの容器に材料を入れて思いっ切り振って、よく混ぜ合わせます。

クランベリーは一晩ホワイトラムに漬けておきました。ラム酒が赤く染まります。

フルーツやナッツなどは、生地を型に入れてから上に散らします。

Shake & Bake
シュッテルクーヘンを焼いて、至福のひとときを

　ドイツでは、午後のティータイムに友達を家に呼んで、コーヒーを飲みながらおしゃべりを楽しむ習慣があり、これを「Kaffeeklatsch（カフェクラッチ）」と言います。コーヒーと一緒に手づくりのケーキをいただきながら、お互いの近況についてあれこれおしゃべりをします。編み物が好きな私は、ケーキもやっぱり手づくりが好きです。編み物作家になる前は、パティシェになるのが夢だったほどです。手づくりのケーキをほおばりながら、仲の良い友達と一緒に編み物をする——私にとってこれほどの幸せはありません。

　けれど、編み物をする前に、難しくて手間のかかるケーキは作りたくないでしょう。そこで、誰にでも簡単においしくできる「Schüttelkuchen（シュッテルクーヘン）」というケーキをご紹介します。「Schütteln」はドイツ語で「シェイクする」という意味で、ただ材料を混ぜて焼くだけのケーキです。

　基本は、蓋つきの容器に材料を入れ、蓋をして中身がよく混ざるように30秒から1分ほど振り、ケーキ型などに流し込んで焼くだけです。

　とても簡単で、いつもおいしく焼けるので、私は幼い頃、母と一緒によく作りました。シュッテルクーヘンは、今でもドイツで流行っていて、いろいろな味や形のものが紹介されています。

　今回は、私のお気に入りの4つのレシピをご紹介します。好みのリキュールやフルーツ、ナッツなどを入れて、いろいろなバリエーションを楽しんでください。

　おいしい手づくりのケーキがあれば、編み物が一層楽しくなりますよ。

作り方の基本（共通／材料は次のページ）

★蓋つきの容器は、容量2〜3リットルほどの大きめのものを使います。シェイクする時は、必ず蓋をしっかりと閉めましょう。容器をビニール袋でかぶせるとより安心です。

★容器の中に材料を計り入れ、全体がまんべんなく混ざるよう、30秒から1分ほどしっかりと振ります（材料を容器に入れる順番は関係ありません）。生地は、かなりどろどろの状態の方が良いので、水や牛乳を足して加減してください。

★蓋を開けて、スプーンなどで全体をかき混ぜ、均等に混ざったことを確かめます。

★ケーキ型の内側に分量外のバターなどを塗り、さらにパン粉を薄く振ると、ケーキが取り出しやすくなります。

★フルーツやナッツは最後に上に乗せ、ケーキ型の底に沈まないようにします。

★ケーキをオーブンに入れて焼き、表面が綺麗な茶色になってきたら、焦げないようにアルミホイルで型を覆って焼くと、表面はこんがりと、中はしっとりと焼けます。

★私のオーブンは、電子レンジにオーブン機能がついた、小さなシンプルなものですが、いつも失敗せずに焼けます。

Cranberry & White Rum

クランベリーとホワイトラムのケーキ

材料　円形ケーキ型（直径18cm）1台分
小麦粉　200g
砂糖　100g
ひまわり油　100ml
卵　2個
ベーキングパウダー　小さじ1
牛乳　150ml
ホワイトラム　100ml
ドライ・クランベリー　75g

ホワイトラムの中にクランベリーを一晩漬けておく。お酒を使わず、クランベリージュースに漬けておいてもよい。クランベリー以外のすべての材料を蓋つき容器に入れ、よく振り混ぜる。ケーキ型に流し込み、最後にクランベリーを散らし、予熱しておいた200℃のオーブンで約60分間焼く。

Lemon Muffin

レモンマフィン

材料　マフィンカップ（Mサイズ）12個分
小麦粉　300g
砂糖　200g
バター（溶かしたもの）　150ml
卵　3個
ベーキングパウダー　小さじ1 1/2
レモン　2 1/2個（汁を絞る）
レモンシロップ　50ml

アイシング
レモン　1/2個（汁を絞る）
パウダーシュガー　適量
ミントの葉　12枚

アイシング用以外のすべての材料を蓋つき容器に入れて、よく振り混ぜ、各マフィンカップの約3/4の高さまで入れる。予熱しておいた180℃のオーブンで約30分間焼く。1/2個分のレモン汁とパウダーシュガーを混ぜてアイシングを作る。焼き上がったら、上にアイシングとあればミントの葉を飾る。

Gugelhupf

コーヒーとチョコレート風味のクグロフ

材料　クグロフ型(直径18cm)1台分
小麦粉　300g
砂糖　250g
ひまわり油　100mℓ
卵　3個
ブラックコーヒー　200mℓ
ベーキングパウダー　小さじ1 1/2
ラムなど好みのリキュール　適量
チョコレートチップ　適量
好みのナッツ　適量

チョコレートチップとナッツ以外の材料をすべて蓋つき容器の中に入れ、よく振り混ぜる。クグロフ型に流し込み、チョコレートチップとナッツを全体に散らし、予熱しておいた200℃のオーブンで約60分間焼く。

Pineapple Cake

パイナップルケーキ

材料　パウンド型(長さ18cm)1台分
小麦粉　200g
砂糖　100g
バター(溶かしたもの)　100mℓ
卵　2個
ベーキングパウダー　小さじ1
牛乳　100mℓ
パイナップルの缶詰　1缶(パイナップルのスライスと汁)

パイナップルはスライス3切れ残して、残りは約2cm幅に細かく切る。パイナップルのスライス3切れ以外の材料をすべて蓋つき容器に入れ、よく振り混ぜる。パウンド型に流し込み、最後にパイナップルのスライスをのせて、予熱しておいた200℃のオーブンで約60分間焼く。

ショッペル社長から 毛糸に情熱を込めて

　毛糸は、編んでいて楽しく、編み上がったものは心地よいものであることが大切です。色は、編み手の想像力をかき立てるものでなければなりません。
　私は、当工場で生産された毛糸で毎日何かを編んでいます。編み上がったセーターなどは、自分で着たり、家族に着せたりしています。
　我が社の看板商品である段染めのシリーズ、「ザウバーボール(魔法の玉)」は、色の組み合わせとグラデーションが革新的と評価されていますが、自分で編んでみて、編んだ時にどんな模様になるか必ず試しています。
　少年時代に油絵を描き始めた頃から、私は色に強い関心を持つようになりました。ドイツの文豪、ゲーテや哲学者のショーペンハウアーの「色彩論」に大きな影響を受けました。自然を観察して、色彩の微妙な変化(グラデーション)について学ぶこともよくあります。新作のコレクションを考えるときは、モードメッセ(見本市)に足を運んだり、デザイナーや大学の専門家からアドバイスをいただいたりして、試行錯誤しています。そして、あえてびっくりするような意外な色の組み合わせで毛糸を染めてみることもあります。
　私の父は第二次世界大戦直後に、ここドイツの南部に紡績工場を立ち上げ、次第に家具用の布などのテキスタイルを生産するようになりました。後に私は父の会社に入社して、毛糸の生産をスタートさせたのですが、テキスタイルの生産を通して、毛糸にも欠かせない色やデザインについてのノウハウを身につけてきました。
　編み物は、3次元で描く絵のようなものだと思います。色彩豊かで、自由に形を作れる、こんな素晴らしいアートが他にあるでしょうか。ショッペルの毛糸があなたの想像力をかき立てることができたのなら、この上ない喜びです。

ショッペルの毛糸の一部は、
下記の店で購入することができます。

★近畿編針株式会社
www.rakuten.co.jp/ka-syugei/
本書で紹介している毛糸を全種類、全色取り扱っている。編み針などの竹製品をはじめ、海外輸入の毛糸も多く取り扱っている。P.12の竹製の編み針を販売している。

★柳屋
www.rakuten.co.jp/yanagiya/
本書で紹介している毛糸は、ほぼ全て取り扱っている。岐阜市の陶芸工房と協力してP.7のニッティング・ボウルを販売している。

★あさつる
www.asatsuru.jp
国内でいち早くショッペルの毛糸を取り入れた。本書で紹介しているクレイジーザウバーボールや、addi(アディ)の編み針も取り扱っている。

★Amin
http://amin.ocnk.net
ショッペルの毛糸とaddi(アディ)の編み針を中心に販売している。本書で紹介しているZAUBERBALL STÄRKE 6も全色をそろえている。

この本で使った糸（実物大）　・色番号は写真の糸のもの

FELTRO（フェルトロ）　ウール100%　100g＝66m　色番号1700

KING SIZE（キング サイズ）　ウール60%　アクリル40%　100g＝160m　色番号3450

KING SIZE（キング サイズ）　100g＝160m　色番号3285

BIG DISK（ビッグ ディスク）　ウール100%　150g＝430m　色番号2288

CASHIMERE QUEEN（カシミヤクイーン）　ウール45%　カシミヤ35%　シルク20%
　　　　　　　　50g＝140m　色番号0781

ADOMIRAL STÄRKE 6 SPACE（アドミラル・シュテルケ6・スペース）
　　　　　　　　ウール75%　ナイロン25%　150g＝400m　色番号2238

GRADIENT（グラディエント）　ウール100%　100g＝260m　色番号2261

GRADIENT（グラディエント）　色番号2262

GRADIENT（グラディエント）　色番号2198

ZAUBERBALL STÄRKE 6（ザウバーボール・シュテルケ6）
　　　　　　　　ウール75%　ナイロン25%　150g＝400m　色番号1701

ZAUBERBALL STÄRKE 6（ザウバーボール・シュテルケ6）　色番号2083

ZAUBERBALL STÄRKE 6（ザウバーボール・シュテルケ6）　色番号2170

ZAUBERBALL STÄRKE 6（ザウバーボール・シュテルケ6）　色番号2136

ZAUBERBALL STÄRKE 6（ザウバーボール・シュテルケ6）　色番号2079

CRAZY ZAUBERBALL（クレイジー ザウバーボール）　ウール75%　ナイロン25%
　　　　　　　　100g＝420m　色番号2248

MY SILK（マイシルク）　シルク34%　アクリル33%　コットン33%
　　　　　　　　50g＝175m　色番号0380

LIFE STYLE（ライフスタイル）　ウール100%　50g＝155m　色番号4800

XL KLECKSE（エックスエル クレックス）　ウール100%　100g＝400m　色番号2191

LACE BALL 100（レースボール100）　ウール100%　100g＝800m　色番号1505

編み目記号の編み方

これをマスターすれば、本書で紹介したネックウェアが編めます。
編み目を知って、もっと編み物を楽しみましょう。

表目 │

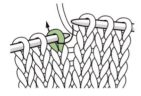  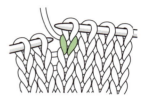

1
糸を向こう側におき、右針を矢印のように入れます

2
右針に糸をかけて、手前側に引き出します

3
表目のでき上がり
1段下(針にかかっている目の下)に編み目ができます

裏目 ─

  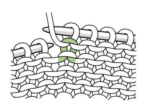

1
糸を手前側におき、右針を矢印のように向こう側から入れます

2
右針に糸をかけて、向こう側に引き出します

3
裏目のでき上がり
1段下(針にかかっている目の下)に編み目ができます

ねじり目 $\mathbb{Q}$

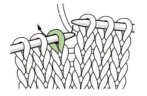

1
右針を矢印のように入れます

2
表目と同様に編みます

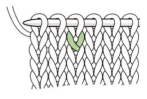

3
1段下の目がねじれます

かけ目 〇

1
右針を糸の向こう側からすくうようにしてかけます

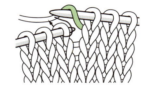

2
右針にかけた糸がはずれないようにして、次の目を編みます

3
2で針にかかった目が、かけ目です

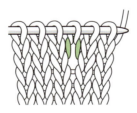

4
次の段を編むと、かけ目のところに穴があきます

右上2目一度

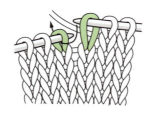
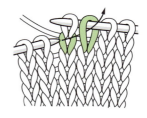

1 右針を手前側から入れて、編まずに移します

2 次の目を表目で編みます

3 左針を矢印のように入れます

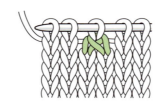

4 編んだ目にかぶせます

5 1段下の左の目の上に右の目が重なります

左上2目一度(裏目)

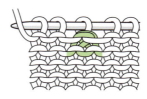

1 右針を2目の向こう側から一度に入れます

2 2目一度に裏目を編みます

3 1段下の左の目が右の目の上に重なります

左上2目一度

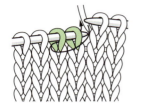  

1 右針を2目の手前側から一度に入れます

2 2目一度に表目を編みます

3 1段下の左の目が右の目の上に重なります

伏せ目

 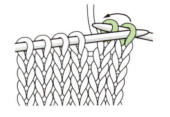 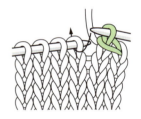

1 表目で2目編みます

2 1目めを2目めにかぶせます

3 1目めの伏せ目のでき上がり。次の目を表目で編みます

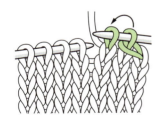 

4 前の目をかぶせます

5 3目伏せ目したところ

=ねじり目の伏せ目
1の左側の表目と**3**の表目をねじり目で編み、**2**と**4**で前の目をかぶせます

中上3目一度 ☒

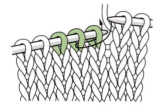

1
矢印のように針を入れ、2目を一度に右針に移します

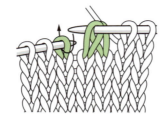

2
次の目を表目で編みます

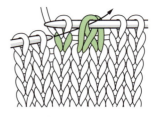

3
移した2目に左針を入れます

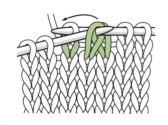

4
編んだ目に2目をかぶせます

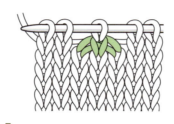

5
1段下の中央の目が一番上に重なります

左上5目一度 ☒

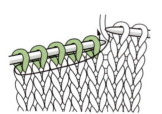

1
右針を矢印のように入れ、5目一度にすくいます

2
表目を一度に編みます

3
1段下の左端の目が一番上に重なります

右上3目一度

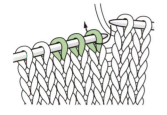

1
1目めを編まずに、矢印のように針を入れ、右針に移します

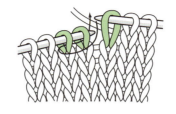

2
次の2目を左上2目一度に編みます

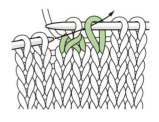

3
1目めに左針を入れます

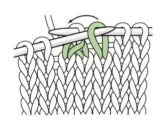

4
編んだ目にかぶせます

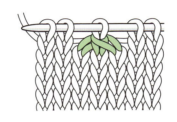

5
1段下の右端の目が一番上に重なります

編み出し目（5目）

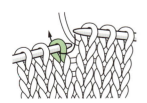

1
表目を編みます

2
左針に目をかけたまま、かけ目、続けて同じ目に表目、かけ目、表目を編みます

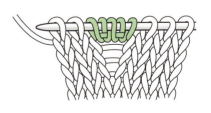

3
1目から5目編み出したところ

引き上げ目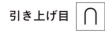

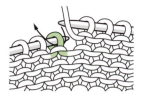

1
2段めは裏側を見て編みます。糸を手前にして、編まずに右針に移動します

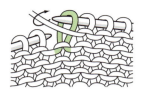

2
左針に糸をかけ、かけ目をします

3
次の目から普通に編みます

4
すべり目とかけ目のこの状態が引き上げ目の裏側です

5
3段めは表側を見て編みます。
前段のすべり目とかけ目を一緒に編みます

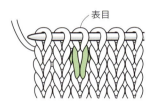

6
次の段を表目で編んだ状態

すべり目（裏目）

1
糸を向こう側におき、右針を向こう側から入れて、編まずに目を移します

2
次の目からは裏目（記号図通りの編み目）を編みます

3
1段のすべり目が編めたところ
記号の下の段の目だけが引き上がり、裏側に糸が渡っています

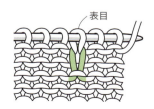

4
すべり目の次の段を表目で編んだ状態

94

引き上げ目（裏目）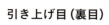

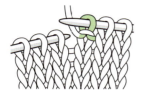

1
1段めは裏目で編みます

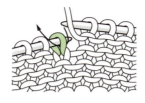

2
2段めは裏側を見て編みます。編まずに右針に移します

3
かけ目をします

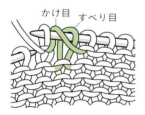

4
次の目から普通に編みます

5
3段めはかけ目とすべり目を一緒に裏目で編みます

6
次の段を裏目で編みます

ドライブ編み（3回巻き）

1
表目を編むように針を入れ、針に糸を3回巻きつけて引き出します

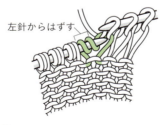

2
次の段は、巻きつけた糸をはずして、伸ばしながら編みます

写真　ライアン・スミス
編集協力　相馬素子
ブックデザイン　縄田智子（L'espace）
イラスト、図版　飯島満
スタイリング　池水陽子
ヘア＆メイク　梅沢優子
モデル　加納みずき　佐々木マリヤ
　　　　ベルンド・ケストラー
　　　　井上拓海
校正　梶田ひろみ
協力　ドイツ語学院ハイデルベルク
編集　飯田想美

Happy Knitting

一本の毛糸でらくらく編める
ベルンド・ケストラーのネックウェア

発行日　2016年10月20日　初版第1刷発行

著　者　ベルンド・ケストラー
発行者　小穴康二
発　行　株式会社世界文化社
　　　　〒102-8187
　　　　東京都千代田区九段北4-2-29
　　　　電話　03-3262-5118（編集部）
　　　　　　　03-3262-5115（販売業務部）
印刷　凸版印刷株式会社
DTP製作　株式会社明昌堂
© Bernd Kestler, 2016. Printed in Japan
ISBN978-4-418-16429-5

無断転載・複写を禁じます。定価はカバーに表示してあります。
落丁・乱丁のある場合はお取り替えいたします。